EXPOSITION UNIVERSELLE FRANÇAISE
DE 1867.

PLAN DU PALAIS DE L'EXPOSITION.—CORRESPONDANCE
OFFICIELLE ET AUTRE RELATIVE AU PLAN PROMULGUÉ
PAR M. LE PLAY, COMMISSAIRE-GÉNÉRAL.

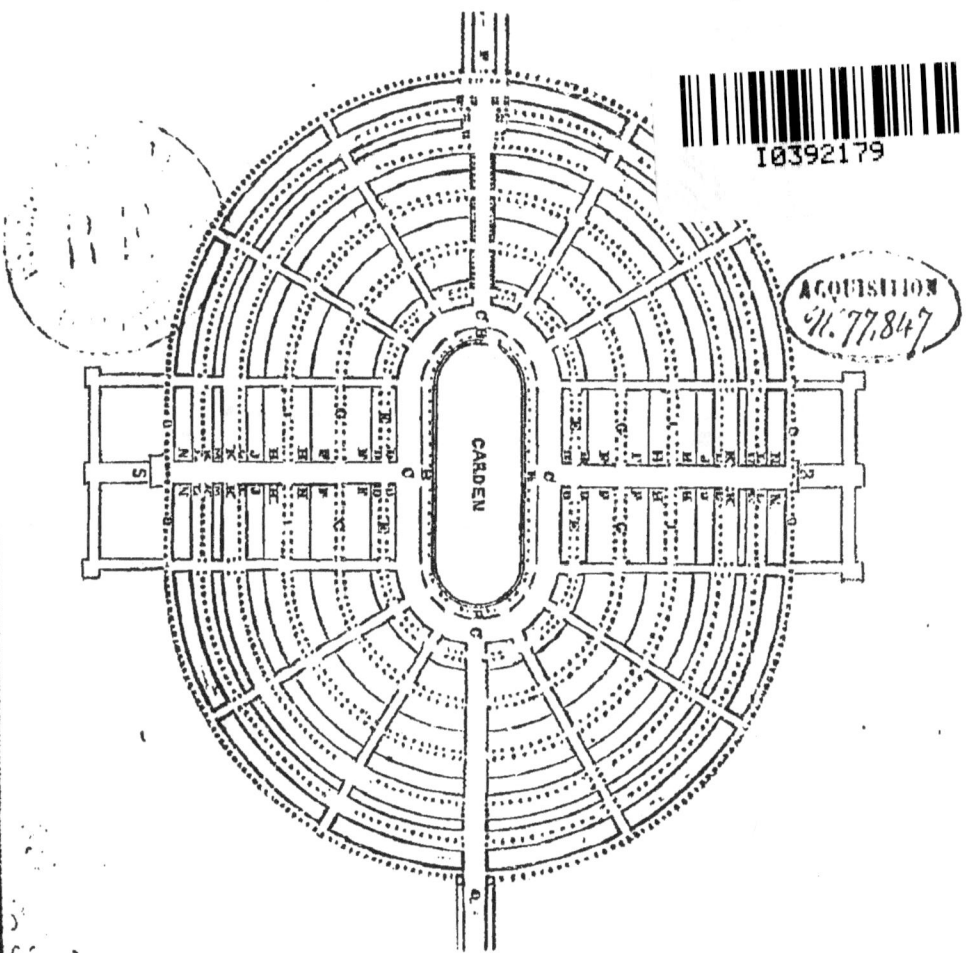

PAR GEORGE MAW, F.S.A., ETC., ET ÉDOUARD J. PAYNE, F.R.I.B.A.

LONDRES :

IMPRIMERIE CLASSIQUE ET GÉNÉRALE DE COX ET WYMAN,

GREAT QUEEN STREET, W.C.

1866.

EXPOSITION UNIVERSELLE DE 1867. — PLAN DU PALAIS DE L'EXPOSITION. — CORRESPONDANCE OFFICIELLE ET AUTRE, ETC., RELATIVE A L'AUTEUR DU PLAN PROMULGUÉ PAR M. LE PLAY, COMMISSAIRE - GÉNÉRAL, POUR LE PALAIS DE L'EXPOSITION.

LES EXPOSITIONS internationales doivent être rangées parmi les traits les plus caractéristiques de notre temps. Elles sont le résultat et le point de ralliement de tous les autres traits qui caractérisent ce siècle si fécond en découvertes; et, grâce à l'intérêt qu'elles inspirent, leur administration et leur arrangement ont excité l'attention et la rivalité amicale d'hommes de tout rang et de toute profession.

Ces luttes pacifiques pour des honneurs plus précieux que ceux qu'on gagne par l'épée, soutenues avec un esprit digne, demandent la sympathie non seulement des particuliers, mais de nations entières; et parmi les sujets accidentels de rivalité nationale le dessin de l'édifice destiné à recevoir ces expositions doit tenir une place très-importante, et demander l'égard universel.

C'est à cause de cette vue, plutôt que pour des considérations personnelles, que nous nous sentons contraints d'appeler

l'attention du public aux pages suivantes, dans la conviction
que l'Angleterre a été la première à donner ce qui a été nommé
la solution de la difficulté qui jusqu'ici accompagnait la
classification et l'aménagement de ces grands spectacles,
dans lesquels, à cause de leur nature même, la classification
et l'aménagement sont de la plus essentielle importance.

En 1861 nous traçâmes et présentâmes, pour la prochaine
exposition française, le plan d'un édifice pour recevoir ladite
exposition, joint à une méthode de classification par laquelle
on obtient une association des objets, en même temps
géographique et spéciale, dans un seul et même arrangement ;
et dans la position actuelle des affaires nous regrettons d'être
forcés de conclure que MM. les Commissaires Impériaux de
l'Exposition Universelle de 1867 ont adopté notre système
sans admettre que nous en sommes les auteurs.

N'ayant, après une correspondance durant plusieurs mois,
obtenu ni une récognition de nos droits d'auteurs, ni, d'un
autre côté, un démenti de ce que nous avançons, nous
regrettons d'être forcés à invoquer la décision de l'opinion
publique sur la valeur de nos prétentions.

Le sujet est contenu dans des limites définies. D'abord,
l'identité des deux plans et des sytèmes de classification,
ceux que nous avons proposés, et ceux promulgués par M. Le
Play et adoptés par MM. les Commissaires de l'Exposition
Universelle, quatre ans après la publication de notre plan.

Ensuite, l'originalité de notre dessin et de notre système de classification. Finalement, la question si le promulgateur du plan des Commissaires français ait pu avoir connaissance de celui que nous soumîmes en 1861—oui ou non ?

D'abord nous mettons à côté l'un de l'autre les plans des deux édifices, ainsi que des paragraphes comparatifs tirés de la description de notre système insérée dans le *Builder* du 16 février 1861, et de la description du dessin officiel français qui parut dans le *Siècle* en 1865.

Les lettres identifient les passages comparatifs.

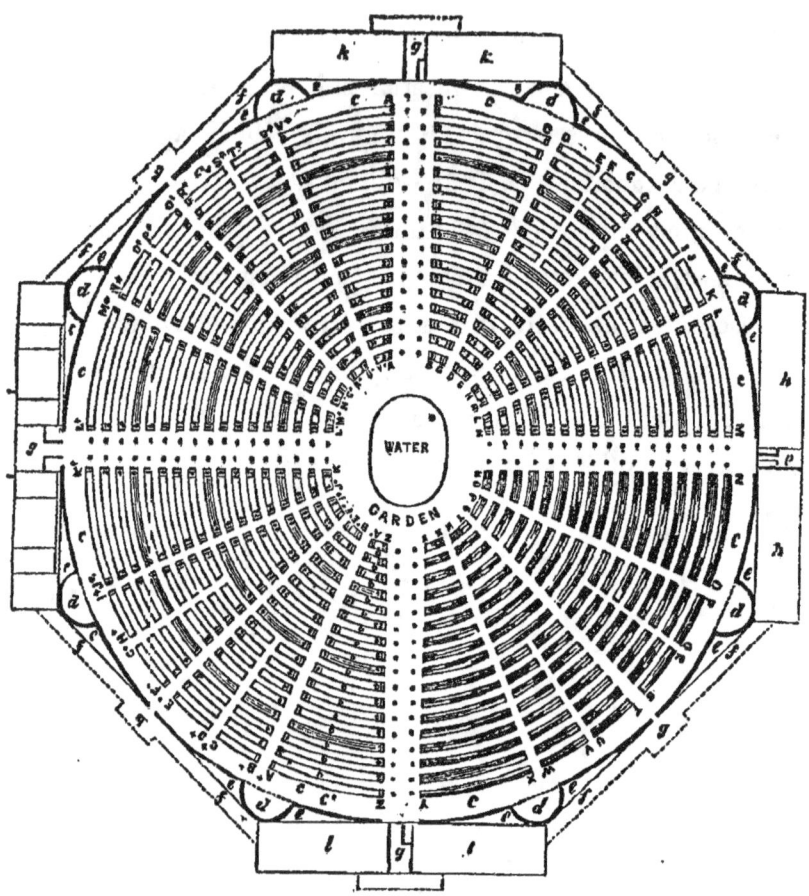

Échelle—⅜ d'un pouce=100 pieds.

Description du Dessin de MM. G. Maw et E. J. Payne, dans le "Builder" du 16 février 1861.

A.—"On propose de construire l'édifice d'une forme circulaire, ou de quelque forme dérivée du cercle, comme l'ellipse.

B.—"Le centre de l'édifice serait peut-être occupé le plus avantageusement par un jardin. Par ce moyen on obtiendrait non seulement un effet agréable, mais en même temps la ventilation serait grandement assistée; et en introduisant un large bassin d'eau (voir le plan) on pourrait pourvoir à l'occasion aux fonctions de fontaines, machines à plonger, et autres expositions pareilles.

Échelle—⅓ d'un pouce = 100 pieds.

Description du Dessin Officiel du Palais de l'Industrie.*

A.—"L'édifice, comme il a été dit, aura la forme d'une ellipse élargie.

B.—"Le centre de l'édifice sera converti en jardin, d'où partiront des nefs aboutissantes à la circonférence ; ces nefs seront intersectées d'avenues circulaires faisant le tour de l'édifice entier.

* N'ayant pu obtenir le numéro du *Siècle* qui contient ces détails, nous avons été obligé de retraduire la description extraite du *Siècle* qui parut dans *Galignani's Messenger*.

Continuation de la description du Dessin de MM. G. Maw *et* E. J. Payne.

C.—" Au lieu de diviser l'édifice en cours, comme à l'Exposition de 1851 (disposition qui entraîna une grande perte d'espace), les espaces occupés par les objets auront la forme de blocs étroits, indiqués par un ombrage sur les trois quarts du diagramme ; ces blocs sont définis par un double système d'avenues intersectantes, représentant les lignes de classification ; un système radial, marqué A, B, C, D, E, etc., qu'on *propose de nommer les lignes géographiques,* en juxtaposition auquel seraient assemblés des objets de la même localité ; tandis que le *système spécifique* serait représenté par les lignes circonférentiales, marquées de chiffres, le long desquelles seraient arrangés des objets d'une même catégorie.

D.—" En répartissant l'espace, les branches de la manufacture d'un petit nombre de localités, qui prendraient beaucoup de place, seraient installées sur une partie des lignes circulaires extérieures ; tandis que, si elles provenaient de plusieurs endroits, sans être en grande quantité, on les placerait sur une des lignes circulaires plus proches du centre où les blocs géographiques sont de moindres dimensions.

E.—" Les quatre transepts principaux seraient appropriés aux grands objets qui ne pourraient être convenablement placés dans les avenues ; et comme ils couperaient les lignes de classification spécifique en huit différents endroits, les objets qu'ils contiendraient occuperaient leurs places exactes dans le système. A la rigueur on pourrait même élargir suffisamment toutes les avenues géographiques, pour qu'elles pussent recevoir de grands objets tout le long de leur centre.

NOTE.—Un regard jeté sur notre plan convaincra le lecteur que la partie que nous appellons les quatre transepts principaux est absolument identique à ce qui a été dénominé plus correctement, dans le *Siècle*, les deux grandes nefs intersectantes du dessin français.

F.—" Les arcades qui entourent l'édifice offrent des entrées et des sorties innombrables, emplacements où les voitures pourront déposer et reprendre les visiteurs, sans encombrement ni perte de temps : au fait, les visiteurs pourront descendre à n'importe quel endroit de ces arcades.

G.—" Si on désirait diviser en cours le tout, ou une partie, comme à l'Exposition de 1851, les avenues pourraient être facilement converties en espaces entourés de clôtures, tout en préservant le double système de classification.

H.—" En cas où quelquesunes des divisions spécifiques demanderaient de plus grands espaces pour l'exposition de leurs produits, il n'y aurait aucune difficulté à élargir les cercles concentriques de manière qu'ils s'adaptent à ce besoin."

Continuation de la description du Dessin Officiel français.

C.—" Les rayons du centre serviront a définir les différents pays. Un certain nombre de ces rayons sera approprié a chaque nation, en proportion de son importance, tandis que les passages circulaires seront réservés à des produits d'un même genre. Ainsi le visiteur qui désirera examiner les différents produits d'un pays devra passer du centre vers la circonférence, ou *vice versâ ;* tandis que pour examiner les mêmes productions de la manufacture des différents états—des soies, par exemple—il n'aura qu'à suivre l'avenue circulaire réservée à cet article. De cette façon il pourra passer en revue l'étalage de cette espèce de production de tous les différents pays.

D.—" Comme les passages circulaires diminueront en étendue à mesure qu'ils approchent du centre, les objets les plus précieux, et ceux qui occupent le moins d'espace, seront placés dans les cercles intérieurs ; tandis que les passages plus proches de la circonférence seront réservés aux articles de plus grandes dimensions.

E.—" Outre les passages elliptiques et radiaux, il y aura deux larges nefs qui traverseront l'édifice dans la direction de ses axes, et qui, conséquemment, s'intersecteront à angles droits. La nef de l'axe principal passera non seulement à travers le palais, mais encore à travers les bâtiments annexés à l'extérieur. . . . Les portions de la nef qui passeront à travers les constructions extérieures du palais formeront de larges avenues bordées de galeries couvertes.

F.—" La galerie extérieure formera une promenade autour du palais."

G.—Voir le plan français.

H.—Voir le plan français.

Notre plan était tracé sans étendues ni aires données. Voici ce que dit le texte du *Builder* à ce sujet :—

"Ce dessin n'a nulle prétention d'être exact dans les proportions de ses parties. Il était impossible d'obtenir cette exactitude sans les données les plus détaillées de l'étendue probablement requise pour chaque département géographique et pour chaque division spécifique, et sans tracer les limites de chaque espèce de classification."

L'arrangement du plan français, en effet, est identique au nôtre dans tous ses détails matériels : la forme elliptique —le jardin central elliptique—la galerie circulaire élevée au-dessus de la hauteur générale des bâtiments qui l'entourent— le nombre d'avenues rayonnant du centre—l'élargissement de quatre des seize avenues en transepts cruciformes—et la galerie ouverte dont l'édifice elliptique est entouré—aucun de ces détails n'est du tout essentiel au système de classification pour lequel le dessin de l'édifice était tracé.

Nous demanderons d'abord si les rapports de tant de points d'identité peuvent être admis comme résultat d'une initiative individuelle et indépendante ; ensuite, si la description du dessin français ci-dessus donnée ne produit pas la conviction spontanée qu'elle fut écrite par quelqu'un qui avait préalablement vu le texte qui accompagne notre plan ?

Quels moyens, dira-t-on, les autorités françaises avaient-elles de connaître les principes et les détails dont nous revendiquons la priorité ? En premier lieu nous avons présenté notre plan à chaque Commissaire, et aux différents fonctionnaires attachés à l'Exposition Internationale de 1862 (M. Le Play, le promulgateur du dessin officiel français, était alors le Commissaire accrédité pour la France). Nous l'avons également soumis aux chefs du Département des Arts et des Sciences, à South Kensington, qui repré-sentent la Commission anglaise à l'Exposition Universelle instituée pour l'année 1867, dont M. Le Play est le Commissaire-Général.

Nous ne prétendons pas que ce furent les seules voies par lesquelles notre dessin aurait pu parvenir à la Commission française ; mais quand on pense aux rapports continuels entre les autorités des expositions françaises et anglaises, au sujet de ces deux expositions, il paraît au moins probable que le fait notoire du plan soumis à la Commission anglaise, et aux chefs du Département des Arts et des Sciences, aurait été mentionné à ceux qui étaient intéressés dans l'Exposition française instituée pour l'année prochaine.

D'ailleurs notre système était imprimé dans le *Builder*, qui à Paris jouit d'une circulation considérable, et est envoyé régulièrement du bureau de publication à la Société Centrale des Architectes et à d'autres sociétés d'arts en France. Et, finalement, *dans l'intention formelle de soumettre ce projet pour la prochaine Exposition française*, M. Maw adressa la lettre suivante à M. Mocquard, le 12 mars 1861, avant que la Commission Impériale eût été nommée.

(Traduction.)

"BENTHALL HALL, PRÈS BROSELEY,
"ANGLETERRE, *le* 12 *mars* 1861.

" MONSIEUR,—

"Connaissant le profond intérêt dont S.M. l'Empereur des Français a honoré le projet d'une Exposition Universelle qui aura lieu à Paris dans deux ans, je prends la liberté de vous adresser un numéro du journal *The Builder*, contenant l'esquisse d'un avant-projet que j'ai devisé pour l'aménagement d'un édifice pour l'exposition et la classification du contenu, au moyen duquel on obtient une association géographique et spécifique des objets dans un seul et même arrangement. C'est-à-dire que tous les objets d'une même localité seront placés en contiguïté, sans sacrifier la classification spécifique qui est plus importante.

" Mon projet fut malheureusement soumis trop tard pour recevoir la considération des Commissaires Royaux de notre Exposition Internationale qui aura lieu à Londres l'année prochaine ; mais j'ose espérer que les mérites de mon système lui obtiendront une considération favorable pour l'Exposition française instituée pour l'année 1863. Avec beaucoup de respects et d'égards,

" J'ai l'honneur, etc.

" Monsieur MOCQUARD,   " GEORGE MAW.
    " Paris."

Rien ne transpira depuis la date de cette lettre jusqu'au printemps de l'année dernière, quand nous apprîmes, par les rapports de plusieurs journaux anglais, que notre système de classification et notre avant-projet avaient été adoptés pour la prochaine Exposition française. Aucune communication ne nous ayant été faite à ce sujet par MM. les Commissaires, M. Maw adressa la représentation suivante au Secrétaire de la Commission.

(Traduction.)
" BENTHALL HALL, PRÈS BROSELEY,
"ANGLETERRE, le 8 mai 1865.

" MONSIEUR,—

"Au commencement de l'année 1861, je publiai, dans le journal *The Builder*, en conjonction avec mon coadjuteur M. E. J. Payne, de Birmingham, un dessin pour l'arrangement général d'un édifice destiné à recevoir des expositions internationales, et, par l'intermédiaire de M. Mocquard, j'en envoyai un exemplaire à S.M. l'Empereur des Français, en sollicitant S.M.I. de bien vouloir honorer mon projet de sa considération pour la prochaine Exposition Universelle. En même temps j'en envoyai des exemplaires à plusieurs personnes en France qui pourraient s'intéresser à cette proposition.

"La réception de mes communications ne me fut jamais accusée, et j'étais tout prêt à croire qu'on ne s'occuperait plus de mon projet, quand, depuis quelques jours, j'ai été surpris de voir des rapports dans plusieurs journaux anglais décrivant un dessin identique en tous points matériels à celui que je publiai en 1861, lequel serait accepté pour l'Exposition Universelle de 1867.

"Quoique le dessin français ne soit tout simplement qu'une adaptation du système publié par M. Payne et moi, il y a quatre ans, aucune communication à ce sujet ne nous a été faite, d'où il paraît qu'on prétend se servir de notre dessin sans pourtant en reconnaître les auteurs. Je prends la liberté de vous envoyer un exemplaire du journal *The Builder*, du 16 février 1861, contenant le dessin en question, et je suis persuadé que MM. les Commissaires

Impériaux reconnaîtront du premier coup qu'il est identique en tous poin*s au dessin qui a été approuvé pour l'Édifice de l'Exposition, et que MM, les Commissaires seront enclins à admettre nos revendications d'être les auteurs originaux du dessin et de l'aménagement général de l'édifice. En vous priant de bien vouloir m'accuser réception de cette communication,

"J'ai l'honneur, &c.,

"GEORGE MAW.

"Monsieur DE CHANCOURTOIS,

"Secrétaire de la Commission Impériale,

"Exposition Universelle, Paris."

M. Le Play, à qui cette lettre paraît avoir été transmise—comme de droit, en accusa réception dans les termes suivants :—

(*Copie.*)

"PARIS, PALAIS DE L'INDUSTRIE, PORTE No. 4,

"*le* 16 *mai* 1865.

"MONSIEUR,—

"M. de Chancourtois, Secrétaire de la Commission Impériale, m'a remis la lettre que vous lui avez écrite le 8 du mois, ainsi que le numéro du *Builder*, du 16 février 1861, renfermant un plan de construction pour l'Exposition anglaise de 1862, et un système de classification.

"J'ai l'honneur de vous remercier de cette communication et vous prie de recevoir l'assurance de ma parfaite considération.

"Le Conseiller d'État, Commissaire-Général,

"Monsieur GEORGE MAW,

"F. LE PLAY.

"Benthall Hall, près Broseley."

La représentation de M. Maw ayant été ainsi entièrement méconnue, notre demande, quelques semaines après, fut de nouveau présentée aux Commissaires Impériaux par l'obligeance de Lord Cowley. A cette représentation on reçut la réponse suivante :—

(*Copie.*)

"COMMISSION IMPÉRIALE.

"PARIS, le 20 juillet 1865.

"M. L'AMBASSADEUR,—

"J'ai reçu la lettre par laquelle votre Excellence me fait connaître la réclamation que lui a présentée M. Maw, à l'effet d'obtenir la déclaration que le plan adopté par la Commission Impériale pour le Palais de l'Exposition

Universelle de 1867 est identique à celui qu'il a adressé, en 1861, à M. Mocquard.

"Je m'empresse d'informer votre Excellence que la Commission Impériale n'a jamais reçu communication de la pièce que mentionne M. Maw, et qu'il lui a donc été tout a fait impossible d'y puiser une indication quelconque pour les avant-projets qu'elle a fait dresser.

"Je vous ferai d'ailleurs observer, M. l'Ambassadeur, que la difficulté résolue par le plan de la Commission Impériale n'était pas la donnée générale de la forme, soit rectangulaire, soit elliptique, qui permettait seule de répondre au programme, posé par son Altesse Impériale le Prince Napoléon, de 1855, à savoir, la disposition des produits à la fois par spécialités et par nationalités, mais qu'elle était principalement dans les détails d'exécution qui, pour répondre aux besoins si multiples de ce grand concours, exigeaient de nombreuses observations pratiques, fruits des expériences recueillies dans les expositions précédentes.

"Il appartient, du reste, à M. Maw, en livrant ses travaux à la publicité, de rendre l'opinion juge de sa réclamation.

"Agréez, &c.

(Signé) "VICE-PRÉSIDENT DE LA COMMISSION IMPÉRIALE."

Dans la première partie de sa lettre, relative à la communication à M. Mocquard, son Excellence passe en silence le fait de la publicité donnée à notre plan, et les voies différentes par lesquelles il aurait pu parvenir à la Commission. A moins que les Commissaires et leurs employés eussent ignoré que le dessin que nous soumîmes pour l'Exposition française avait été imprimé dans le *Builder*, l'observation au sujet de notre communication à M. Mocquard perd toute sa force dans le sens que veut lui donner son Excellence le Vice-Président, d'autant plus que MM. les Commissaires refusent de désigner un auteur individuel et tangible du dessin officiel. Nous désirons faire acte cependant de notre conviction que son Excellence, quand il fit cette reponse à Lord Cowley, ignorait probablement que M. Le Play connaissait notre dessin.

Nous rendons juge le public si le nouveau plan elliptique, qui fournit une association géographique et spécifique des objets, n'est pas le mérite principal du dessin adopté pour l'Exposition ; et si *"les détails d'exécution"* (empruntés à notre dessin ou suggérés par la Commission) ne sont pas en comparaison tout-à-fait sans importance, et aucunement dignes d'éclipser le dessin en entier. Nous demanderons ensuite si la raison par laquelle la Commission n'avait pas à résoudre la difficulté d'obtenir un dessin répondant aux conditions ci-dessus nommées, si cette raison, disons-nous, n'était pas tout simplement que la question avait déjà été résolue par nous.

Il nous reste maintenant a considérer minutieusement l'allusion de son Excellence au double système de classification proposé par le Prince Napoléon, dans son rapport sur l'Exposition de 1855 (publié en 1857), parce que cette allusion a été avancée plus d'une fois comme la source originale du dessin officiel français, et comme anticipant le système de classification proposé par nous en 1861. Les remarques de S.A.I. sont à la page 140 du rapport que nous reproduisons plus loin.

En 1849, du temps où notre première Exposition Internationale était en cours de préparation, on exprimait un vif désir d'obtenir un aménagement dont les avantages seraient très-évidents, à savoir, de combiner un système de classification géographique avec un système spécifique. L'idée inséparable d'une telle classification est évidemment une intersection quelconque des séries géographiques et spécifiques.

M. Horeau* proposa, en 1849, de prendre un système longitudinal pour la série géographique, qui se couperait avec une série transversale pour le système naturel—méthode qui fut amplement discutée, mais finalement abandonnée comme

* Une lettre à ce sujet, de M. Digby Wyatt, Secrétaire de la Commission Exécutive de l'Exposition Internationale de 1851, figure dans l'Appendice A.

impraticable, parce qu'elle ne pourvut pas aux irrégularités des aires relatives géographiques et spécifiques. On
ne tenta pas ce système pour l'Exposition française de 1855 ;
mais le Prince Napoléon, dans son rapport sur cette exposition, raviva de nouveau, en 1857, le désir de combiner, dans
des expositions futures, un aménagement à la fois géographique et naturel. La suggestion n'est guère avancée
comme une nouveauté, et contient tout simplement les
premiers principes d'arrangement inséparables de tout
double système de classification. Les expressions de S.A.I.
ne laissent pas même de doute qu'il n'entendit aucunement
parler d'un édifice elliptique ou circulaire. Voici d'ailleurs
ses propres paroles :

"L'édifice devra être établi de telle sorte que son aménagement se com-
bine avec le système de classification. Jusqu'ici, dans l'installation des
produits, on semble ne s'être préoccupé que d'offrir aux visiteurs un spec-
tacle agréable. Tout au plus a-t-on suivi, dans l'arrangement et le groupe-
ment des masses exposées, l'ordre géographique. Aussi l'étude des
expositions a-t-elle été une véritable fatigue. Pour embrasser un groupe
ou une classe il fallait, à Paris encore plus qu'à Londres, parcourir le Palais
dans tous les sens et chercher péniblement les produits éparpillés. On peut
échapper à cet aménagement vicieux sans rien sacrifier des conditions
artistiques. Je comprends une construction qui, transversalement, offrirait
les objets rangés par nationalités, et qui, longitudinalement, les présenterait
disposés, par nature de produits, en trois grandes divisions : dans la première division, qui formerait un des bas-côtés, seraient placées les matières
premières ; dans la seconde, qui formerait l'autre bas-côté, seraient placés les
engins de production ; enfin, dans la galerie du milieu seraient disposés en
trophées les produits et leurs dérivés. Cette disposition offrirait des avantages.
Voudrait-on étudier toute l'industrie d'un pays : on l'aurait toute entière
réunie sur un seul point ; il suffirait de parcourir la galerie dans le sens
transversal. Désirerait-on, au contraire, étudier un groupe ou une classe de
produits : on suivrait alors le sens longitudinal, et l'on pourrait ainsi faire la
comparaison entre les différents peuples."

Le correspondant, à Paris, de l'*Illustrated London News*,
tout en défendant les prétentions de priorité des Commissaires de l'Exposition française, est contraint d'admettre

" *qu'il est évident de ce passage, que S.A.I. avait en vue un* *édifice tout autre que circulaire ou ovale.*" Nous demandons alors, en quei la proposition du Prince Napoléon diffère-t-elle de celle faite huit ans auparavant, et qui avait été abandonnée aussi bien à l'Exposition de Paris qu'à celle de Londres?—et de quelle façon suggère-t-elle (excepté par la simple mention du but proposé) le dessin officiel français pour l'Exposition Universelle de 1867. Les formes des édifices diffèrent totalement : l'un est un parallelogramme, et l'autre une ellipse. L'arrangement des lignes de classification diffère essentiellement : dans le projet du Prince Napoléon elles sont placées longitudinalement et transversalement ; dans notre dessin et dans le dessin officiel elles sont placées divergentes du centre et concentriquement. Et non-seulement a-t-on dévié, dans le dessin officiel, de l'ordre d'aménagement des différentes catégories proposées par S.A.I., mais encore l'étendue et le genre de classification sont différents. Le Prince Napoléon proposait de diviser le tout en trois grandes catégories, tandis que le plan officiel français donne neuf ou dix séries spécifiques. Le but vers lequel aspirait M. Horeau en 1849, le Prince Napoléon en 1857, et nous mêmes en 1861, était identiquement le même ; mais les moyens proposés étaient totalement différents. Les deux premiers projets furent abandonnés, le dernier fut adopté du premier coup comme la véritable solution de la difficulté. En effet nous soutenons qu'aucun double système de classification ne fut jamais mis en forme praticable jusqu'en 1861, quand l'aménagement que nous soumîmes à M. Mocquard pour l'Exposition à laquelle on l'applique maintenant—savoir un arrangement composé de lignes intersectantes, concentriques, et radiales, basées sur une ellipse— jusqu'à ce que notre plan, disons-nous, obvia aux difficultés présentées par tous les plans antérieurs, en donnant cette variété dans la dimension des aires adjacentes géographiques et spécifiques qui est indispensable aux exigences des divers départements géographiques.

La question à résoudre est, s'il y a de la probabilité qu'un dessin si nouveau pût être le produit de sources indépendantes.

Signalons d'abord un trait caractéristique fort singulier dans le dessin officiel français : nous avons vu que c'est un double très exact de ce qui fut publié par nous en 1861, et envoyé a M. Mocquard. Sans disputer un seul instant l'assertion de M. le Vice-Président, que notre communication à M. Mocquard n'aurait pas été mise sous les yeux de la Commission Impériale, la singulière ressemblance du plan qu'on produit en 1865 à celui que nous avons produit en 1861 ne peut manquer de frapper tout le monde. Nous avons à ajouter que le dessin français parut anonyme ; il n'est attribué à aucun auteur ; personne n'a osé s'approprier le mérite qu'il peut avoir ; MM. les Commissaires prétendent collectivement en être les auteurs ; personne n'ose accepter la responsabilité individuelle du dessin.

M. Krantz, l'ingénieur-en-chef employé par la Commission, et qui est supposé d'avoir la responsabilité générale de l'édifice, écrit à M. Maw de la manière suivante :

(Copie.)
"Paris, le 25 septembre 1865.
"Rue Saint-Dominique, 205.

"Monsieur,—

"Lorsque j'ai été chargé de diriger les travaux de l'Exposition Universelle, les dispositions dont vous révendiquez la découverte avaient été adoptées par La Commission Impériale.

"Je n'ai rien à y prétendre, et dans cette situation je tiens à rester à l'écart de tout débat qui pourrait s'engager sur la priorité de cette découverte.

"J'ai l'honneur d'être, Monsieur,
"Votre très-humble serviteur,
"B. Krantz.

"M. George Maw."

Un désaveu parail fut adressé à M. Maw par M. Hardy, l'architecte principal employé par les Commissaires :

(*Copie.*)

"Paris, le 20 octobre 1865.

"Rue Saint-Dominique, 205.

"Monsieur,—

"Je ne suis pour rien dans l'adoption du plan de la Commission Impériale ; vous voudrez donc bien ne pas me mêler dans la discussion que vous soulevez. Réclamez près de qui de droit.

"Croyez, Monsieur, à l'assurance
"de mes salutations.

"L. A. Hardy,
"Architecte pr. du Palais.

"M. Maw."

Tout en acceptant sans réserve l'assurance de M. le Vice-Président, que notre communication à M. Mocquard n'avait jamais été mise sous les yeux de la Commission Impériale, on nous permettra d'objecter à l'inférence tirée par son Excellence, "que par conséquent il était tout-à-fait impossible d'y puiser une indication quelconque pour les avant-projets qu'elle a fait dresser ;" et connaissant les divers canaux par lesquels notre dessin aurait pu parvenir indirectement aux Commissaires Impériaux, nous avons osé suggérer que notre plan ait pu engendrer le dessin des Commissaires, quand même ils n'auraient pas vu notre communication à M. Mocquard (ce qu'implique la lettre du 20 juillet 1865). Les deux dessins étant d'une identité si frappante, et le nôtre ayant d'ailleurs été soumis pour l'Exposition française, nous crûmes pouvoir requérir la faveur d'être informé, par qui le dessin officiel avait été promulgué, et de demander si MM. les Commissaires prétendaient en être les auteurs.* . A cette juste requête MM. les Commissaires refusent toute réponse par la lettre suivante :

* Voir notre lettre, Appendice B.

(Copie.)

"PARIS, le 29 novembre 1865.

"MONSIEUR,—

" Je suis autorisé à vous informer que, d'après la décision prise aujourd'hui, au sujet de vos réclamations des 3 et 18 courant, par le Comité des Travaux de la Commission Impériale, il n'y a lieu de rien ajouter à la réponse concernant vos précédentes réclamations, adressée, le 14 juillet 1865, par son Excellence le Ministre d'Etat, Vice-Président de la Commission, à son Excellence l'Ambassadeur de sa Majesté Britanique à Paris.

" Recevez, Monsieur, l'assurance de ma considération la plus distinguée.

"Le Secrétaire de la Commission Impériale de
"l'Exposition Universelle de 1867.

"M. GEORGE MAW,   "E. B. DE CHANCOURTOIS.
"Benthall Hall, près Broseley, Londres."

Mais nonobstant cette réticence apparente, et avant même que la décision nous eût été communiquée, notre lettre, quoique adressée à MM. les Commissaires en particulier, fut discutée tout-au-long dans l'*Illustrated London News* du 25 novembre. Nous savons, conséquemment, que notre lettre pouvait seulement avoir été transmise au correspondant, à Paris, de ce journal par quelque membre de la Commission.

(Traduction.)

" Vos lecteurs se souviendront que dans la courte description qui accompagnait le plan du Palais et du Parc pour l'Exposition Universelle de 1867, publié dans l'*Illustrated London News* du 14 octobre, je fis allusion aux prétentions avancées par M. Maw, de Broseley, d'être l'initiateur de cette forme spéciale de l'édifice et du système de double classification que MM. les Commissaires avaient décidé d'adopter, ce que je démontrais en citant un document officiel publié en 1857. Depuis ce temps M. Maw a mis en circulation une autre lettre, adressée par lui aux membres de la Commission Impériale, dans laquelle il demande d'être informé du nom de l'architecte dont le dessin a été adopté, donnant à entendre, à ce qu'il paraît, que si on refuse de lui communiquer ce nom, il n'y aurait qu'une seule induction à tirer de ce refus, savoir, que c'est de son dessin à lui, M. Maw, que les Com-

missaires Impériaux ont décidé de se servir. Pour l'information de vos
lecteurs, il n'est peut-être pas hors de propos de récapituler les détails précis
de cette affaire, ainsi que la manière dont le dessin que MM. les Commissaires
ont décidé d'adopter vit le jour. Personne ne peut nier que ce fut le
Prince Napoléon qui le premier conçut l'idée du système de double classification—auquel nous avons fait allusion—dès l'année 1855. Rempli de cette
idée et déterminé de la réaliser, S.A.I., quand le temps arriva de prendre
des mesures actives pour l'Exposition de 1867, rassembla sous ses yeux, au
Palais Royal et au Palais de l'Industrie, un corps d'architectes et d'ingénieurs
auxquels il confia la tâche de préparer une série d'avant-projets qui réalise-
raient le système de classification dont il avait déjà donné l'idée. Ces artistes
furent placés par S.A.I. sous la direction de M. Le Play, qui avait été Commissaire-Général de l'Exposition Universelle en 1855, et était nommé Commissaire-Général de l'Exposition instituée pour l'année 1861, et en temps
convenable M. Le Play, avec la sanction du Prince Napoléon, soumit les
avants-projets obtenus de cette manière à la décision de la Commission Impériale.

"La forme rectangulaire de l'édifice à bouts semicirculaires (!) fut choisie
principalement parce que c'était la forme qui s'adapta le mieux au Champ de
Mars, qui en effet aurait difficilement admis une autre forme (! ! !). Depuis
différentes modifications ont été faites dans les détails de ce plan sous la
direction immédiate de la Commission Impériale, et c'est là la simple raison
pourquoi on n'a pas donné le nom de l'auteur, car, quoique le Prince Napoléon
et M. Le Play aient eu la plus grande part dans la production du plan adopté,
toujours est-il que le plan dans sa condition actuelle est réellement le travail
collectif de la Commission Impériale."

Il ne nous reste que peu de mots à ajouter à ce qui a été
énoncé dans la correspondance qu'on vient de lire, seulement
nous récapitulerons brièvement les bases de notre réclamation.

Nous disons que le système et la méthode de classification
adoptés pour l'Exposition française sont identiques, dans
tous les points importants, à ceux que nous soumîmes
à M. Mocquard en 1861; et quant à l'identité sub-
stantielle des deux plans, il suffit de jeter un coup-d'oeil
sur les dessins mêmes. Nous sommes prêts à prouver aussi,
que notre plan fut soumis, en Angleterre, à un ami du promulgateur du dessin français, dès le commencement de

l'année 1861 ; et dans la même année il fut communiqué au public dans les pages du journal *The Builder*.

L'allusion des Commissaires Impériaux à notre dessin comme étant *propriété publique* (nous supposons à cause de ce qu'il a paru dans les pages du *Builder*) ne paraît pas tout-à-fait d'accord avec l'origine de leur dessin, à laquelle ils font allusion dans la même lettre, et qui évidemment ne peut être soutenue qu'en admettant qu'ils ignoraient que notre dessin eut été publié. Mais si, comme nous persistons, les Commissaires se sont servi de notre système, la publicité qu'il avait obtenu n'est pas une raison pour qu'ils nous méconnaissent comme en étant les auteurs. D'ailleurs, nous nions toute intention de donner nos travaux au public, vu que nous soumîmes notre plan, aussitôt qu'il fut achevé, pour l'objet spécial auquel il a été appliqué, par la voie la plus officielle qui était à notre portée. Et nous soutenons que c'était le fait des Commissaires mêmes, en ce qu'un membre de leur corps promulga notre plan avant qu'ils furent incorporés, qui nous empêcha de le leur soumettre d'une manière officielle.

Nous avons respectueusement prié MM. les Commissaires de dire s'ils attribuaient leur dessin à un auteur individuel, et de nous faire savoir qui en était le promulgateur? A cette demande ils refusent de donner réponse, mais le correspondant, à Paris, de l'*Illustrated London News*, en faisant allusion à notre lettre, constate "de bonne source" que le Prince Napoléon, M. Le Play, un corps d'architectes et d'ingenieurs, et les Commissaires en sont les auteurs collectifs.

Pour toute réponse à cela nous n'avons qu'à nous en référer aux lettres dans lesquelles le chef du corps des architectes et le chef du corps des ingénieurs employés par la Commission nient toute participation dans l'aménagement dont nous réclamons être les auteurs, et qui, d'après l'admission de ces messieurs, avait été adopté avant leur nomination.

La part du Prince Napoléon se bornait aux suggestions faites dans son Rapport sur l'Exposition de 1855, qui d'aucune manière n'anticipe notre dessin; et comme le corps général de la Commission n'avait pas été nommé quand les détails particuliers de notre plan furent promulgués (les détails particuliers du dessin de l'édifice et la nomination des Commissaires ayant été publiés en même temps), la responsabilité de ce qui a été fait semble tomber sur M. Le Play; et c'est à lui à expliquer l'identité remarquable des deux dessins, et pourquoi il différa de signaler l'auteur du système adopté par MM. les Commissaires.

Si les Commissaires Impériaux avaient été à même d'établir qu'eux et leurs employés ne connaissaient pas notre plan, quand le dessin officiel fut promulgué, et que leur dessin avait été inventé d'une manière individuelle, nous aurions accepté cette admission à l'instant, quoique nous aurions pensé que, pour rendre justice à nous autres, au public, et à l'autre auteur individuel, on aurait dû publier le nom de cet auteur, et lui rendre l'honneur qui lui revenait. Mais, à défaut d'une explication pareille, on nous permettra d'observer que l'identité des deux plans indique clairement un seul auteur.

Enfin, quant à nous, nous sommes convaincus que le dessin des Commissaires publié en 1865 ne peut avoir été un double original et individuel de notre dessin publié en 1861; et nous aimons à croire qu'à défaut d'explications officielles suffisamment claires et satisfaisantes, le public sera porté à juger de cette affaire de la même manière que nous; et non seulement le public anglais, mais aussi cette nation française dont le génie a trop fait pour l'avancement de la civilisation et des sciences pour convoiter des lauriers qui ne lui sont pas dûs ; et qui est de beaucoup trop noble pour ne pas s'empresser de reconnaître le mérite dans d'autres qui travaillent pour la même fin.

NOTE.—Depuis l'impression de ces remarques nous avons appris, par le journal *The Building News* du 19 janvier 1866, que la suggestion dans le Rapport sur l'Exposition Universelle de 1855, au sujet d'un édifice pour la réception des expositions futures, provenait de la plume de M. Le Play ; c'était lui qui avait rédigé le rapport, auquel le Prince Napoléon simplement attacha sa signature officielle. Par ce document donc nous avons les moyens de connaître les vues de M. Le Play sur ce sujet avant la publication de notre plan.

Il suffit de parcourir le Rapport (dont un extrait a été donné à la page 16) pour être convaincu que la proposition, faite par M. Le Play, d'un édifice rectangulaire composé de trois galeries parallèles (et qui d'ailleurs est tout simplement la répétition d'une proposition pareille faite huit ans auparavant pour l'Exposition anglaise de 1851), diffère essentiellement du système elliptique, divergent du centre, qu'il promulga après que notre plan fut publié et soumis pour l'Exposition Universelle de Paris.

APPENDICE.

(A.)

Lettre de M. DIGBY WYATT *à* M. G. MAW.
(Traduction.)

> "28 *août* 1865,
> "37, TAVISTOCK PLACE,
> "RUSSELL SQUARE, W.C.

"MON CHER MONSIEUR,—

"Je vous ai envoyé le rapport des Commissaires Impériaux sur l'Exposition de 1855, qui est, je pense, ce que vous demandiez. La seule allusion que je puisse trouver dans le volume qui se rapproche en quelque point de votre dessin, est à la page 140, où l'on parle de ce qui était, il me semble, une idée conçue par M. Potonnier, en 1850,—à savoir, d'adopter un système de classification longitudinal pour les produits géographiques, et transversal pour les productions groupées—un système naturel. Ce mode d'aménagement fut amplement discuté pour l'Exposition de 1851, mais finalement fut abandonné comme impraticable à cause de l'irrégularité des aires relatives. Votre heureuse idée de diverger des rayons du centre sur des séries de périphéries, ou de zones concentriques, trancha la difficulté. Il me semble me rappeler que je vous proposai telles objections, qui me vinrent à première vue de votre système, et que vous y pariez très bien. Je vous souhaite un succès complet.

"Croyez moi votre tout dévoué
"G. MAW, Esq." "M. DIGBY WYATT.

NOTE.—L'auteur du projet auquel M. Wyatt fait allusion était M. Horeau.

(B.)

Lettre de M. G. MAW *à* M. DE CHANCOURTOIS.
(Traduction.)

> BENTHALL HALL, PRÈS BROSELEY,
> ANGLETERRE, *le 3 octobre* 1865.

MONSIEUR,—

Comme je me propose de publier un rapport détaillé relatif à mes réclamations, et celles de M. Payne, d'être les auteurs du plan qui a été adopté par la Commission Impériale pour l'édifice de l'Exposition Universelle instituée pour l'année 1867, je sens que c'est mon devoir d'appeler encore une fois l'attention de MM. les Commissaires sur ma lettre du 8 mai, et sur une communication pareille, adressée à MM. les Commissaires Impériaux, au mois de juillet, par son Excellence le Comte Cowley.

Je prends la liberté de vous rappeler que jusqu'ici je n'ai reçu aucune réponse à ma lettre du 8 mai, dont la réception fut simplement accusée par M. Le Play, le Commissaire-Général.

Quant à la lettre de M. le Vice-Président de la Commission Impériale au Comte Cowley, j'observerai que, quoiqu'il y eut plus de quatre ans depuis que nous soumîmes notre plan à M. Mocquard, pour l'objet auquel il a été appliqué, nous ne supposions pas que MM. les Commissaires avaient vu l'exemplaire identique du *Builder* qui fut envoyé à M. Mocquard.

La proposition d'un double système de classification faite par son Altesse le Prince Napoléon, à la fin de l'Exposition de 1855 (page 140 du Rapport), ne fait aucune allusion aux spécialités du dessin officiel de l'édifice pour l'Exposition de 1867; et quant à l'importance relative d'un édifice rectangulaire, et au système spécial d'aménagement proposé par M. Payne et moi en 1861, je prends la liberté d'observer que le système rectangulaire fut mentionné, pour la première fois, par M. Potonnier,* dès l'année 1850; fut amplement discuté pour l'Exposition anglaise de 1851; et, finalement, fut abandonné comme impraticable à cause de ce qu'il ne pourvut pas aux irrégularités des aires relatives, spécifiques et géographiques.

Quoique ce système fût connu, on ne l'essaya pas pour l'Exposition Universelle de 1855, et ce ne fut qu'en 1861 que la difficulté réelle d'un double système de classification fut tranchée par le projet publié par nous dans le *Builder* du 16 février 1861, et que nous présentâmes à M. Mocquard pour la prochaine Exposition de Paris. Ce projet basé sur l'intersection de lignes concentriques et radiales pourvoyait une succession infinie d'aires adjacentes géographiques et spécifiques de différentes proportions.

Le point auquel je désire particulièrement appeler l'attention de MM. les Commissaires Impériaux est que le dessin officiel réunit non seulement le système d'aménagement que nous proposâmes il y a plus de quatre ans, mais encore tous les menus détails de notre système.

Les deux dessins contiennent la proposition d'un édifice elliptique; tous deux contiennent un jardin central elliptique, et donnent le même nombre d'avenues principales divergentes du jardin central, et chaque dessin propose que quatre des seize avenues soient élargies en transepts cruciformes.

On propose d'entourer l'édifice d'une galerie couverte, dans les deux dessins; et, afin de descendre à des détails d'exécution plus menus,

---

* La proposition venait de M. Horeau, et non pas de M. Potonnier, comme on le supposait dans cette lettre.

nous proposâmes, dans le texte qui accompagne notre dessin (page 8) :
"*Si on désirait diviser en cours le tout, ou une partie, comme a l'Exposition de 1851, les avenues pourraient être facilement converties en espaces entourés de clôtures, tout en préservant le double système de classification.*" Ensuite, à la même page : "*En cas où quelquesunes des divisions spécifiques demanderaient de plus grands espaces pour l'exposition de leurs produits, il n'y aurait aucune difficulté à élargir les cercles concentriques de manière qu'ils s'adaptent à ce besoin.*"

On verra que le dessin français contient ces suggestions, et quoique au premier abord il y ait une petite différence apparente dans l'aménagement des deux plans, les déviations du dessin officiel français, après tout, sont décrites dans le texte anglais.

Permettez-moi de vous demander si MM. les Commissaires Impériaux considèrent ces points de ressemblance comme l'effet d'une invention individuelle et indépendante, ou nous feront-ils la justice de nous désigner comme les auteurs de ce projet ?

Le dessin officiel qui a été adopté pourrait avoir été mis devant MM. les Commissaires Impériaux, sans qu'ils sussent la source dont il était dérivé; mais en ce cas-là ils se déferaient de toute responsabilité personnelle, s'ils me communiquaient le nom de la personne par qui le dessin officiel fut promulgué. M. Krantz, l'architecte officiel, déclare nettement ne pas en être l'auteur, et j'aperçois que personne n'a été avancé officiellement comme auteur du dessin qui a été adopté.

La publication de notre dessin dans le *Builder* n'impliquait aucunement que nous "*donnions*" nos travaux au public, car en même temps nous soumîmes notre dessin pour l'objet même auquel on l'emploie ; et la seule raison qui empêcha qu'il fût soumis une seconde fois à MM. les Commissaires Impériaux, fut, que quelqu'un se l'était approprié avant que la Commission Impériale ne fût incorporée.

En conclusion, je prends la liberté de demander encore une fois que MM. les Commissaires veuillent bien nous reconnaître comme les auteurs du dessin qui a été adopté; ou bien qu'ils disent par qui ce dessin leur fut proposé.

Dans l'état actuel de cette affaire, il ne me reste d'autre choix que de publier cette lettre, avec telle réponse dont MM. les Commissaires Impériaux daigneront m'honorer.

J'ai l'honneur d'être

Votre très-obéissant serviteur

GEORGE MAW.

M. DE CHANCOURTOIS,
Secrétaire de la Commission Impériale,
Exposition Universelle de 1867, Paris.

(C.)

De M. DE CHANCOURTOIS *à* M. G. MAW.

(*Copie.*)

"PARIS, 18 *octobre* 1865.

"MONSIEUR,—

"De retour de voyage, j'ai l'honneur de vous accuser réception de votre lettre du 3 courant, qui sera mise sous les yeux de la Commission Impériale.

"Le retard de cette réponse résulte de ce que votre lettre étant recommandée n'a pu être remise par la poste qu'à moi même.

"Recevez,

"Monsieur,

"l'assurance, de ma considération très-distinguée.

"Le Secrétaire de la Commission Impériale,

"M. GEORGE MAW,   "E. B. DE CHANCOURTOIS.

"Benthall Hall, près Broseley."

(D.)

De M. G. MAW *à* M. DE CHANCOURTOIS.

(*Traduction.*)

BENTHALL HALL, PRÈS BROSELEY,

le 18 *novembre* 1865.

MONSIEUR,—

Le 18 octobre vous me fîtes la faveur de m'accuser réception de ma lettre du 3 octobre, en me promettant de la mettre sous les yeux de la Commission Impériale.

Je vous prie d'avoir l'obligeance de m'informer si MM. les Commissaires Impériaux sont d'avis que le dessin officiel du palais pour l'Exposition Universelle fut tracé indépendamment d'un dessin et d'une méthode de classification pareils, que nous avions déjà soumis pour la même fin, et qui furent publiés par nous dans le *Builder* du 16 février 1861. Ensuite, si MM. les Commissaires Impériaux voudraient affirmer que ceux qui promulguèrent le dessin officiel ignoraient alors absolument que nous avions publié, antérieurement, un dessin auquel il est identique en tous points. Finalement, afin d'arriver à une conclusion (si MM. les Commissaires sont toujours dans le doute) sur la question de l'auteur et sur la priorité de l'invention du dessin et du système de classification, nous prenons la liberté de proposer qu'il soit soumis à quelque système d'arbitration juste et équitable, approuvé par MM. les Commissaires Impériaux et par nous.

J'ai l'honneur, &c.,

GEORGE MAW,

Au nom de M. Payne et de moi-même.

M. DE CHANCOURTOIS,

Secrétaire de la Commission Impériale,

Exposition Universelle de 1867, Paris.

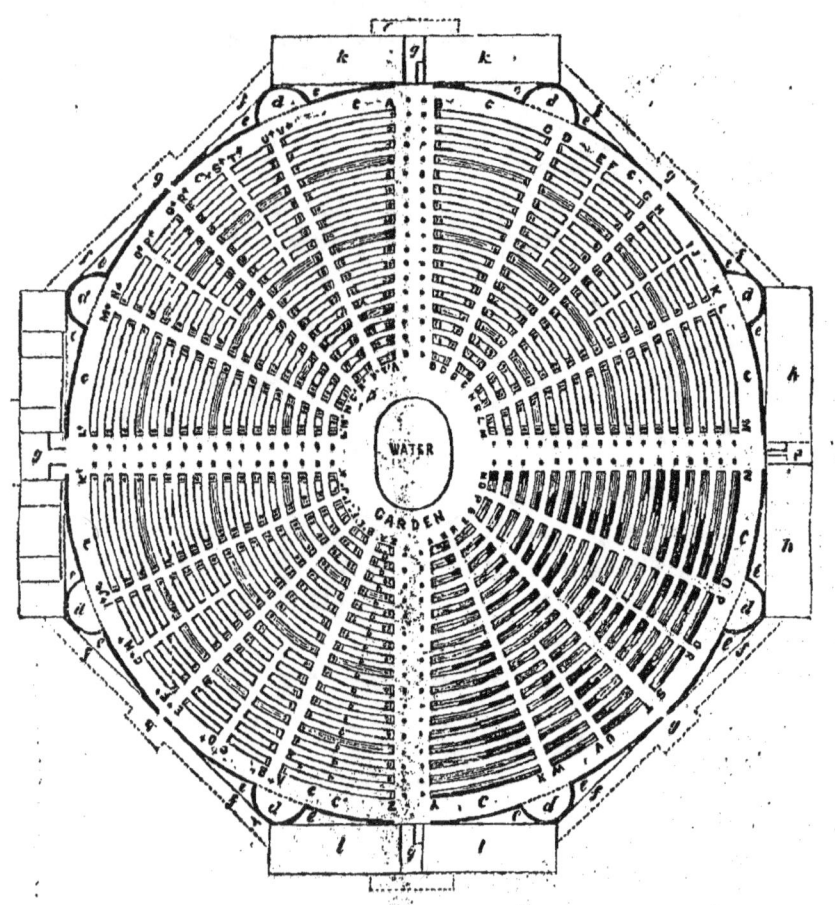

LES TRAVAUX DE MM. G. MAW ET E. J. PAYNE.

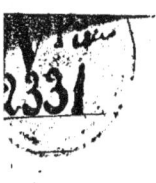

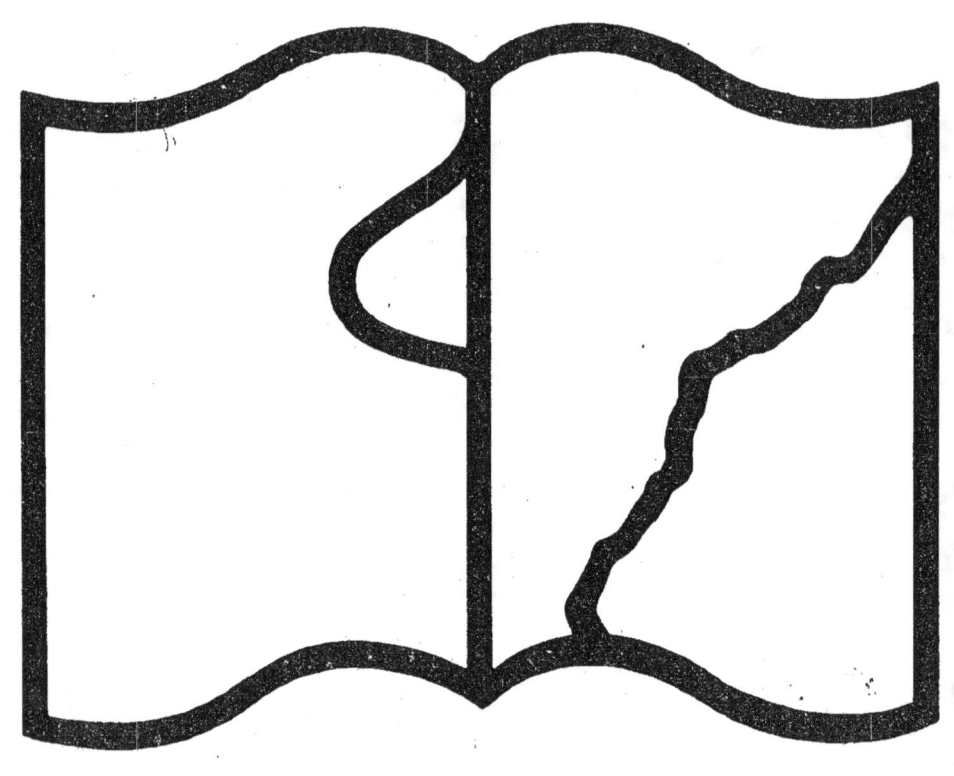

Texte détérioré — reliure défectueuse

NF Z 43-120-11

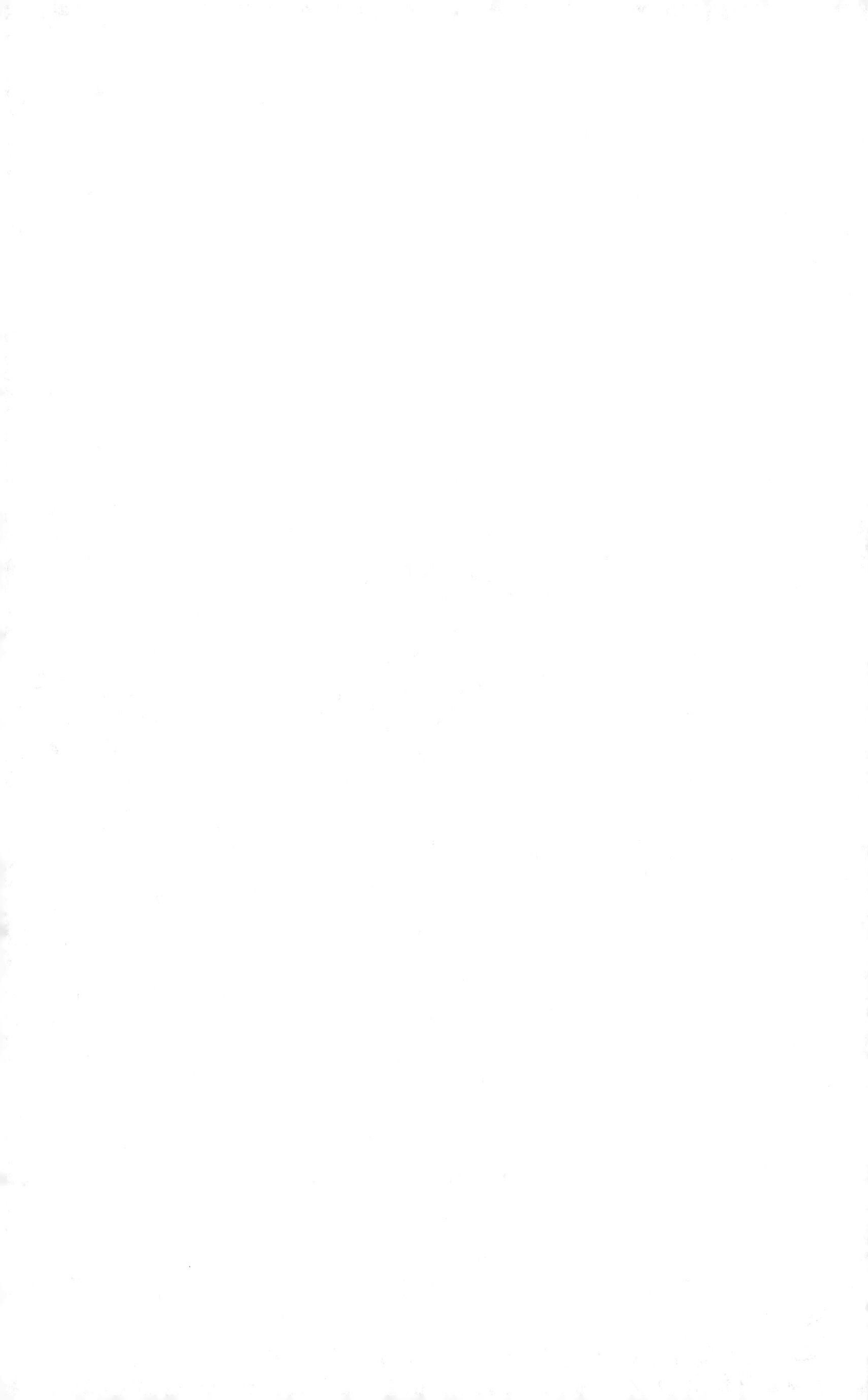

www.ingramcontent.com/pod-product-compliance
Lightning Source LLC
Chambersburg PA
CBHW030124230526

45469CB00005B/1784